ANALIZA KSIĄŻKI

AF156552

# Balzac i mała chińska szwaczka

• • • • • • • • • • • • • • •

## Dai Sijie

# ANALIZA KSIĄŻKI

Napisany przez Lauriane Sable
Przetłumaczony przez Kâmil Kowalski

# Balzac i mała chińska szwaczka

## Dai Sijie

# DAI SIJIE

## CHIŃSKI POWIEŚCIOPISARZ I FILMOWIEC

- **Urodził się w 1954 roku w prowincji Fujian (Chiny).**

- **Godne uwagi prace:**

  - *Balzac i mała chińska szwaczka* (2000), powieść

  - *Kanapa podróżna pana Muo* (2003), powieść

  - *Córki chińskiego botanika* (2006), film

Dai Sijie jest chińskim pisarzem i reżyserem, który mieszka we Francji od 1984 roku. W wieku 22 lat wstąpił na uniwersytet w Pekinie, aby studiować historię sztuki, w momencie, gdy rewolucja kulturalna (chiński ruch polityczny, 1966-1976) dobiegała końca. . Otrzymał stypendium, które pozwoliło mu kontynuować studia we Francji w IDHEC (Institut des Hautes études cinématographiques, "Advanced Cinematographic Studies") w Paryżu. Jego pierwszy film fabularny China, My Sorrow (1989) zdobył nagrodę im. Jeana Vigo, a jego późniejszy film Córki chińskiego botanika (2006) również zyskał uznanie krytyków.

W 2000 roku ukazała się jego *debiutancka* powieść *Balzac and the Little Chinese Seamstress*. W 2003 roku otrzymał nagrodę Prix Femina za *"Mr. Muo's Travelling Couch"*. Jego najnowsze publikacje to *Once on a Moonless Night* (2007) i *L'acrobatie aérienne de Confucius* ("The Aerial Acrobatics of Confucius", 2009).

# BALZAC I MAŁA CHIŃSKA SZWACZKA

## CIĘCIE DO SERCA CHIŃSKIEJ REWOLUCJI KULTURALNEJ

- **Gatunek:** powieść

- **Wydanie referencyjne:** Sijie, D. (2002) *Balzac and the Little Chinese Seamstress*. Trans. Rilke, I. London: Vintage Books.

- **wydanie** pierwsze**:** 2000 r.

- **Tematy:** Chińska rewolucja kulturalna, czytanie, miłość, przyjaźń

*Balzac i mała chińska szwaczka* jest uważana za arcydzieło Dai Sijie. Książka zdobyła trzy prestiżowe francuskie nagrody literackie: Prix Edmée de La Rochefoucauld, Prix Relay du roman d'évasion oraz Prix Roland de Jouvenel Academie française.

Podczas Rewolucji Kulturalnej, kiedy Sijie był nastolatkiem, jego rodzice zostali uwięzieni, a on wysłany do obozu reedukacyjnego w górach. To doświadczenie zainspirowało go do napisania książki Balzac and the Chinese Tailor, opowiadającej o dwóch młodych intelektualistach, którzy również zostali wysłani do małej górskiej wioski na lokalne przekwalifikowanie. W tym mieście młodzi mężczyźni zapoznają się z zachodnią literaturą i spotykają Krawca.

Cała trójka nastolatków dorasta w tym czasami wrogim środowisku i nawet mała krawcowa stopniowo zdaje sobie sprawę, że istnieje więcej ścieżek niż to, co zawsze wydawało jej się planowane.

Wcześniejsze doświadczenie Sijie jako filmowca pozwoliło mu na samodzielną adaptację powieści na potrzeby ekranu, a film miał swoją premierę na Festiwalu Filmowym w Cannes w 2002 roku.

# PODSUMOWANIE

Historia zaczyna się pewnego wieczoru w 1971 roku w małym górskim miasteczku o nazwie Phoenix of the Sky. Podobnie jak wielu innych młodych intelektualistów, narrator i jego przyjaciel Luo zostali tam wysłani przez reżim komunistyczny, aby reedukować biednych wieśniaków.

W rzeczywistości władze wykorzystują proces reedukacji do "oczyszczania" młodych intelektualistów i burżuazji, prowadząc pracowite i skromne życie. Ci nastolatkowie z wyższych sfer są wysyłani do bardzo zubożałych górskich wiosek, których utrzymanie jest prawie całkowicie uzależnione od ich własnych produktów.

Taki jest między innymi los dwóch głównych bohaterek powieści, które zmuszone są do pracy w polu, kopalni, tragarzy itp. Ponieważ jej rodzice są "cuchnącymi autorytetami naukowymi" (s. 8), większość Jej reedukacji , który trwa do dwóch lat, prawdopodobnie będzie trwał w nieskończoność. Wiele osób, które są reedukowane, ma nadzieję, że pewnego dnia będą mogły odejść, tak jak Czterooki, którzy mieszkają w innej wiosce, która dzieli los Luo i narratora.

Luo i Narrator nie dogadują się z Czterema Oczami, ale odgrywają kluczową rolę w ich przemianie. Pewnego dnia obaj bohaterowie odkrywają pod łóżkiem zamkniętą walizkę. Pytają go o jej zawartość, wierząc, że zawiera książki zakazane przez reżim (wszystkie zachodnie książki i wiele chińskich książek jest uważanych za niebezpieczne i zakazane), ale Czterooki stanowczo zaprzecza tym zarzutom. Jednak Luo i narrator słusznie zakładają, że jest kłamać, a stamtąd rozpocząć bójkę z Czterookim, wymieniając jedną z jego książek na pomoc.

Kilka miesięcy po przyjeździe poznali córkę miejscowego krawca, którą nazywali "małą krawcową". Są mniej więcej w tym samym wieku i szybko stają się przyjaciółmi. Narrator podejrzewa nawet, że jego chłopak się w niej zakochał, ale Luo twierdzi, że nie jest dla niego wystarczająco cywilizowana. Szwaczki spędzają ze sobą więcej czasu iw końcu bardzo się do siebie zbliżają. Luo czuje, że znalazł swoje powołanie. Będzie musiał sam wychować małą krawcową.

Wkrótce po ich pierwszym spotkaniu młoda kobieta pisze do Luo, aby zaprosić dwóch młodzieńców do wystawienia w jej wiosce "pokazu kina mówionego", gdyż jest to ich specjalność. Każdy z nich ma swoje role do odegrania podczas każdego pokazu: Luo jest doskonałym aktorem i opowiadaczem, natomiast narrator ubiera opowieść w muzykę, grając na swoich skrzypcach. Dla niego instrument ten stanowi połączenie z poprzednim życiem.

Odkąd obaj młodzieńcy przybyli do wioski, skrzypce wzbudzają wśród mieszkańców wieśniaków wielką ciekawość i nieufność. Burmistrz, zagorzały komunista, natychmiast nabrał podejrzeń co do instrumentu, ale Luo przekonał go, by pozostawił narratorowi zaimprowizowanie sonaty, podczas gdy Mozart myślał o przewodniczącym Mao i demonstrował użyteczność instrumentu. jako środek szerzenia propagandy.

Jednak kiedy docierają do wioski małej krawcowej, Luo cierpi na poważną malarię, a młoda kobieta nie spała całą noc, aby się nim opiekować. Narrator myśli, że widział ją całującą Luo, ale nie jest pewien z powodu ciemności.

Pewnego dnia Czterooki nie jest w stanie wykonać pewnych zadań z powodu swojej krótkowzroczności, więc musi poprosić o pomoc dwóch przyjaciół. Ursule Mirouët (1841) autorstwa Balzaca (francuski pisarz, 1799-1850).

Narrator i Luo, którzy nigdy nie mieli okazji czytać zagranicznych książek, są zafascynowani powieściami i pochłaniają je z zapałem. Zaraz po skończeniu książki Luo idzie do małej krawcowej. Kochają się po raz pierwszy, a on opowiada narratorowi o swoich przeżyciach po powrocie do domu. Dwaj przyjaciele próbują zdobyć więcej książek od Czterookich, ale bezskutecznie.

W lecie pojawia się nowa szansa: Matka Czterookiego załatwia mu pracę w gazecie, aby uchronić go przed procesem reedukacji, a on sam otrzymuje zadanie zebrania autentycznych górskich pieśni, które mają być w niej opublikowane. Narrator i Luo proponują mu wykonanie tego zadania w jego imieniu, ponieważ sam nie może tego zrobić, w zamian za nowe książki, i wyruszają na poszukiwanie samotnego młynarza, który cieszy się opinią osoby znającej "wszystkie pieśni regionu i [...] będącej mistrzem śpiewu" (s. 60).

Dwóm przyjaciołom udało się przekonać starca, by dla nich zaśpiewał, ale piosenki, które przynieśli do domu, były prymitywne i Czterooki zdecydował po zredagowaniu, że i tak je opublikuje, ale obiecał, że odmówiłem oddania im książek, które napisałem. Dołączają do walki po tym, jak narrator traci panowanie nad sobą i rzuca się na niego. Rozczarowanie Ruo tym niepowodzeniem potęguje fakt, że stwierdził on, że mała krawcowa szczególnie lubiła niektóre części dzieła Balzaka.

Nie dostają kolejnej szansy na zdobycie książek, aż do momentu, gdy matka Czterookiego przyjeżdża osobiście go szukać. Z okazji jej przybycia organizowana jest wielka uroczystość, a za namową Małej Szwaczki, Luo i narrator kradną jego walizkę pełną książek.

Przez około miesiąc dwaj przyjaciele wykorzystują nieobecność burmistrza, aby pożreć zawartość walizki. Obejmuje książki francuskich pisarzy Victora Hugo (1802-1885), Stendhala (1783-1842), Alexandre Dumas, Pere (1802-1870) i Gustave Flaubert (1821-1880). Narrator szczególnie lubi Jean-Christophe'a (1904-1912) Romaina Rollanda (francuskiego powieściopisarza, 1866-1944), a Rouault lubi dzieła Balzaca, czytając codziennie fragmenty Małej Krawcowej.

Jakiś czas później ojciec młodej kobiety, który jest wędrownym krawcem, przyjeżdża, by spędzić trochę czasu w wiosce. Na jego prośbę narrator zaczyna opowiadać mu historię *Hrabiego Monte-Cristo* (1845) Alexandre'a Dumasa, którą niedawno przeczytał, w ciągu dziewięciu nocy.

Jednak trzeciej nocy burmistrz przerywa im, grożąc oskarżeniem o reakcyjną gadkę, jeśli Luo, synowi słynnego dentysty, nie uda się wyleczyć bólu zęba. Luo radzi sobie z tym z pomocą narratora i krawca, którego maszyna do szycia działa jak prowizoryczne urządzenie medyczne.Daj mu szansę wyładowania całej swojej nienawiści do – może poruszać igłą tak wolno, jak to możliwe, aby zmaksymalizować ból.

Wkrótce potem Luo został wezwany przez swoją chorą matkę. Prosi narratora o opiekę nad małą krawcową. Narrator jest również zmuszony przyznać się do własnych uczuć do Małej Krawcowej, co czyni go hipokrytą w jej roli opiekuna.

Gdy już miał powiedzieć jej, żeby przestała się z nią spotykać, wyznała, że jest w ciąży z dzieckiem Luo. To poważny problem, ponieważ jest zabroniony, ale aborcja jest również nielegalna. Więc narrator udaje się do szpitala Yongjin, aby zbadać sprawę czy nielegalne aborcje są możliwe. W końcu udało mu się znaleźć ginekologa chętnego do wykonania operacji w zamian za powieść Balzaca.

Operacja idzie gładko i Luo wraca w góry. Przyjaźń między trójką młodych ludzi wydaje się niezachwiana, ale pewnego dnia mała krawcowa opuszcza górską wioskę, nie mówiąc o tym swoim dwóm przyjaciołom. Nie zdają sobie sprawy, że jej nie ma, dopóki ich zrozpaczony ojciec nie przychodzi z wiadomością. Dziewczyny gonią ją i udaje im się dogonić.

Jednak wszystkie prośby Luo o powrót do domu są ignorowane. Lektura powieści Balzaca sprawiła, że stopniowo i niewidocznie zmieniła się z dziewczyny z gór, która po prostu chciała zadowolić Luo, w kobietę, która chciała mieszkać w upragnionym mieście. Zdecydowana powiedziała: "Nauczyłam się jednej rzeczy od Balzaca. Uroda kobiety to skarb niezastąpiony" (s. 172).

Tymi słowami kończy się powieść, ale nie jest to końcowa scena opowieści. Końcowa scena powieści, umieszczona chronologicznie na początku ostatniego rozdziału, pokazuje Luo palącego wszystkie książki w swojej walizce, podczas gdy narrator obserwuje, jak gra melodię na swoich skrzypcach.

# STUDIUM POSTACI

## NARRATOR

Narrator jest jednym z głównych bohaterów powieści, ale nigdy nie został nazwany i odgrywa znacznie mniejszą rolę niż jego przyjaciel Luo, którego związek z małą krawcową jest prawdziwym centrum historii. W rzeczywistości pod koniec powieści narrator nazywa siebie "widzem" (s. 171).

Podobnie jak Luo, jest synem lekarza. Na początku swojej transformacji ma 17 lat, jest wyższy i silniejszy niż jego przyjaciele. Jest również bardziej nieśmiały i rozsądny, ale czasami może być brutalny (na przykład atakuje Czterookiego i zachowuje się sadystycznie wobec wodza wioski, gdy leczy zęby).

Jest niezwykle lojalny wobec swoich przyjaciół i stara się nie zdradzać swoich uczuć do Małej Szwaczki. Uważa ją za przyjaciółkę i jest głęboko urażony, gdy znika bez ostrzeżenia, mimo że wiernie pomagał i wspierał ją podczas niechcianej ciąży.

Jest muzykiem, co sprawia, że bardzo lubi serię *Jean-Christophe* Romaina Rollanda (bo jej główny bohater też jest muzykiem) i ma nadzieję, że jego talent skrzypka będzie kiedyś przepustką z reedukacji.

## LUO

Luo jest najlepszym przyjacielem narratora. Z natury ciekawski i buntowniczy, ma wielki talent do inwencji i improwizacji, co pokazuje, gdy rozwiewa podejrzenia wieśniaków co do jego skrzypiec lub odwiedza młynarza. Narrator opisuje go jako nieco przebiegłego, w przeciwieństwie do jego "nieskrępowanych, hojnych i uduchowionych" (s. 103) pociągnięć pędzla podczas pisania podpisu.

Mimo nękanych zawrotami głowy Luo codziennie wybiera niebezpieczną drogę na skróty do domu małej krawcowej i czyta jej fragmenty dzieł Balzaca. Wydaje się, że kieruje nim duma ("Ona jest niecywilizowana, przynajmniej dla mnie!", s. 25), ale z perspektywy czasu była to dla niej naprawdę jego. Jest jasne, że było to uczucie Również pod koniec powieści postanawia spalić wszystkie książki w swojej walizce. Są cenne i wiele dla niego znaczą, ale dlatego, że postrzega je jako powód utraty kobiety, którą kochał.

Wynika z tego, że "wielbiciel Balzaca" (s. 165) to także "romantyczny kochanek, który na czworakach doczołgał się do ukochanej" (*tamże*).

Podobnie jak narrator, Luo reprezentuje wszystkich młodych ludzi, którzy byli niesprawiedliwie uciskani przez działania reżimu Mao podczas Rewolucji Kulturalnej. Ponieważ zamiast otwarcie sprzeciwiać się reżimowi, przyjmują pośrednią postawę obronną i robią wszystko, co w ich mocy, aby zdobyć i dzielić się zachodnią literaturą. Mała krawcowa i jej ojciec i nie tylko.

## MAŁA SZWACZKA

Mała krawcowa, której imienia narrator nigdy nie wymienia, jest jedyną w pełni opisaną postacią. Oprócz ubioru, który odróżnia ją od reszty wieśniaków (nowe wstążki, buty itp.), wyróżnia ją uroda. Ma długie warkocze, "najpiękniejsze oczy w okręgu Nagai" (s. 20), a jej rysy są "delikatne, prawie szlachetne" (s. 23).

Ale jej niezwykła uroda jest wieśniaczką. "Kiedy się uśmiechała, zauważyłem, że jej oczy są nieskrępowane. Przypomniało mi to dziką dziewczynę na naszym zboczu góry. Jej oczy były jak nieoszlifowane klejnoty." , miały blask nieoszlifowanego metalu" (tamże). Ten opis kontrastuje z dramatycznym zmiana wyglądu i ubioru młodej kobiety pod koniec powieści. Odzwierciedla to nieoczekiwaną wewnętrzną przemianę, jaką przeszła.

Uwielbia figle i nigdy nie przestaje się śmiać, i wydaje się, że kocha Luo z głębi serca. "Jestem góralem. Uwielbiam sprawiać przyjemność Luo" (str. 134). Jednak lektura powieści Balzaca sprawia, że "chcę zmienić swoje życie i zaryzykować w mieście" (s. 168). W ten sposób odkryła, że jej życie nie ogranicza się do drogi, która wydawała się dla niej wybrana (krawiec, jak jego ojciec, wiecznie żyłby w górach), wręcz przeciwnie, jest pełna możliwości.

## FOUR-EYES

Four-Eyes działa jako folia dla dwóch przyjaciół, mimo że wszyscy są z tego samego miasta. Został zabrany do innej wioski niż ta, w której mieszkają dwaj bohaterowie, i jest gotów dołożyć wszelkich starań, by uciec z góry Feniksa Nieba, w tym złamać dane słowo i wykorzystać swoich współtowarzyszy niedoli do osiągnięcia własnych celów.

Jest synem pisarza i poety, "żyje w niemal wiecznym strachu" (s. 41). Jest też egoistą: choć posiada walizkę pełną cennych książek o tematyce zachodniej, absolutnie nie pozwala korzystać z nich swoim przyjaciołom, a ci w końcu je kradną.

Z natury jest chciwy, a przyjaźń postrzega jedynie jako sposób na zdobycie więcej. Przyznaje się matce: "Przyjaźniłem się z nimi, ponieważ uważałem, że ty i Pa macie problemy z zębami i że pewnego dnia ojciec Luo może być pomocny" (s. 97).

## SOŁTYS WSI

Jest jedynym wieśniakiem, który wyróżnia się z jednolitej masy chłopów. Jego postać jest swego rodzaju symboliczną figurą reprezentującą komunistycznych chłopów, a zarówno jego działania, jak i wygląd odzwierciedlają intelektualną i fizyczną deprywację chińskiego chłopstwa.

Chociaż jest autorytarny, boi się stracić twarz lub zdradzić swoją ignorancję (skrzypce twierdzi, że to zabawka), jest bardzo naiwny, jak pokazuje trik sonatowy Mozarta. Jego łatwowierność wynika z głupoty i braku wykształcenia, ale także z ideologicznych przekonań, które wyprały mu mózg. Słysząc nazwisko Mao Zedonga (chińskiego męża stanu i generała, 1893-1976) "ulżyło jego groźne spojrzenie, jakby usłyszał coś cudownego" (s. 5).

Jest brudny (na przykład ma "[s]wiecznie długie, szczeciniaste włosy wystające z lewego nozdrza", s. 4) i fizycznie odrażający (jego lewe oko jest zaplamione krwią), a do tego cierpiał na syfilis (ze wszystkimi tego konsekwencjami).

Postać jest całkowicie pozbawiona burżuazyjnej kultury i cywilizacji zgodnej z ideałami KPCh, tworząc w ten sposób niepochlebny portret komunistycznych chińskich chłopów, którzy szerzyli głupotę i ignorancję oraz pozostawili masy naiwne i łatwe do manipulacji.

# ANALIZA

## KONTEKST HISTORYCZNY: REWOLUCJA KULTURALNA

Powieść ta jest pod silnym wpływem kontekstu politycznego i historycznego, w którym jest osadzona, ponieważ skupia się na traktowaniu inteligencji w maoistowskich Chinach w latach 70. po rewolucji kulturalnej. Ruch ten zrodził się z ideologii komunistycznej, a dokładniej ze sposobu jej wdrażania w Chinach w czasie sprawowania władzy przez Mao.

 **KOMUNIZM I MAOIZM**

Komunizm to ideologia polityczna, gospodarcza i społeczna oparta na następujących zasadach:

- ustanowienie proletariatu jako klasy politycznej;

- obalając burżuazyjną supremację;

- oddanie władzy politycznej w ręce proletariatu;

- dzielenie się środkami produkcji i wymiany;

- rozdzielanie dóbr według indywidualnych potrzeb;

- tłumienie klas społecznych i państwa.

Teoria komunistyczna opiera się głównie na pismach Karola Marksa (niemieckiego teoretyka i rewolucjonisty socjalistycznego, 1818-1883) i Fryderyka Engelsa (niemieckiego teoretyka i wojującego socjalisty, 1820-1895).

W Chinach w 1949 r. do władzy doszła frakcja komunistyczna. Wprowadzony przez nią system rządów stał się znany jako "maoizm" (nazwany tak na cześć przywódcy frakcji, Mao Zedonga). Maoizm był przedstawiany jako "praktyczny marksizm", czyli marksizm wdrożony w kraju, który był aktywnie stosowany do konkretnych zmagań i warunków Chin, w przeciwieństwie do innych gałęzi marksizmu, które mają przede wszystkim charakter teoretyczny. Dwa główne fundamenty ideologiczne maoizmu to:

- praktyczne zastosowanie jako jedyne słuszne kryterium ustalania prawdy;

- sprzeczności (między ludem a jego wrogami oraz wśród samego ludu) jako siły napędowej historii i rozwoju społeczeństwa.

W styczniu 1958 roku Mao zapoczątkował ambitną politykę rozwoju przemysłu i rolnictwa, nazywając ją "Wielkim Skokiem Naprzód". Jego celem była redystrybucja i kolektywizacja ziemi, konfiskata większości upraw, pozostawienie samym ludziom niewiele i uprzemysłowienie kraju. Prowadzona z całkowicie nierealistycznym absolutyzmem ideologicznym polityka ta okazała się katastrofalną porażką, powodując głód, który pochłonął życie milionów ludzi.

Mao został wówczas odsunięty na bok i zastąpiony przez partię komunistyczną. Postanowił odzyskać władzę, inicjując reformę kulturalną: "Wierząc, że reżim skłania się ku rewizjonizmowi […], Mao Zedong nie wahał się wywołać istnej insurekcji młodzieżowej w postaci ruchów Czerwonej Gwardii, które oficjalnie rozpoczęły się 18 sierpnia 1966 roku" (Mourre, 2001: 208).

Był to początek rewolucji kulturalnej, która trwała do śmierci Mao w 1976 roku. Czerwona Gwardia podróżowała po wsiach, wynajmując dla siebie całe pociągi, aby szerzyć kult osobowości poświęcony Mao i jego *Małej Czerwonej Książeczce* (książka z cytatami autorstwa samego Mao). Partia została oczyszczona z każdego, kto należał do frakcji rewizjonistycznej, a ruch wymierzony był zarówno w członków, jak i kulturę inteligencji, którą postrzegano jako wyzyskującą klasę społeczną, skorumpowaną przez kapitalistyczną ideologię burżuazyjną. Jednakże ten ideologiczny konflikt był w rzeczywistości frontem dla politycznej walki o władzę, która umożliwiła Mao wyeliminowanie członków Partii Komunistycznej, którzy go nie popierali, i odzyskanie pozycji przewodniczącego Chińskiej Republiki Ludowej.

Przypisywano to temu, że ludzie Zachodu pamiętali przede wszystkim o wygnaniu wielu zachodnich wartości i elementów zachodniej kultury, podczas gdy tradycyjne chińskie wartości również uważano za należące do klasy opresyjnej. Należy zauważyć, że wiele buddyjskich świątyń i posągów zostało zniszczone przez Czerwoną Gwardię.

W powieści ten ogólny zakaz jest zilustrowany odniesieniami do zakazanych książek zachodnich i chińskich. Na przykład ojciec i matka Czterookiego, odpowiednio chińska pisarka i poetka, zostali "zhańbieni przez władze" (s. 41). Książka bada również, w jaki sposób religia jest celem reżimu poprzez obrazy kaznodziejów żebrzących na ulicach Nagajing (Gansu,

Chiny) oraz odniesienia do buddyjskich świątyń, które zostały "zabite deskami". Tak jest teraz (s. 163).

## MIĘDZY AUTOBIOGRAFIĄ A FIKCJĄ

Na pierwszy rzut oka może być trudno określić, do jakiego gatunku literackiego należy ta powieść. Niektóre z jej głównych cech sprawiają, że wydaje się ona być autobiografią:

• Rodzice Dai Sijie byli lekarzami, podobnie jak rodzice narratora;

• w latach 1971-1974, autor został również wysłany na reedukację do małej górskiej wioski w Syczuanie, prowincji, w której rozgrywa się ta historia;

• powieść napisana jest w pierwszej osobie;

• nie jest powiedziane wprost, że tekst jest powieścią.

Jednak autor, narrator i bohater autobiografii to zawsze ta sama osoba. W tej powieści:

• Głównym bohaterem jest Luo.

• Narrator i autor nie mają tego samego nazwiska. Chociaż narrator nigdy nie jest nazwany, wymienione jest znaczenie trzech chińskich znaków jego imienia: koń, miecz i mały dzwonek. Można zatem wywnioskować, że nazywa się Ma Jian Ling, a nie Dai Sijie. Sijie stwierdził również, że narrator jest postacią hybrydową, która była inspirowana przez kilka osób, co oznacza innych przyjaciół, którzy byli reedukowani obok niego.

Dlatego powieść nie może być uznana za autobiografię sensu stricto, gdyż autor i narrator to nie ta sama osoba. Widać jednak wyraźnie, że autorzy tej powieści inspirowali się osobistymi doświadczeniami reedukacyjnymi, aby nadać jej wymiar autobiograficzny. Takie podejście pozwala autorom dzielić się swoimi doświadczeniami z reedukacji jako nastolatki, jednocześnie trzymając historie z dala od osobistych wspomnień.

Nadaje to powieści poziom obiektywizmu, jakiego nie osiągnąłby Sizier, gdyby do reedukacji podchodził wyłącznie z perspektywy własnego doświadczenia, co pozwala mu przedstawić reedukację z bardziej ogólnej perspektywy. Używając fikcji jako narzędzia, Sijie zachowuje całą moc i prawdę swojej własnej historii, jednocześnie dając głos wszystkim ofiarom reedukacji. Ale to nie czyni tej historii tragicznej:

Wręcz przeciwnie, humor, wnikliwość i wesołość, które reżim starał się wydrzeć ofiarom reedukacji, błyszczą na każdej stronie, umożliwiając im przekroczenie swojego statusu i przeciwstawienie się władzom, które chciały je prześladować. jakość, która stworzyła Oni. Zatem wybór fikcji oznacza wybór oporu. Powieść tę można definitywnie nazwać literaturą osobistą, co jest pojęciem stosunkowo niedawnym, ale zdającym się doskonale opisywać tę powieść, zważywszy, że "[denotuje] ona każdą formę, jaką mogą przybrać "opowieści o sobie", czy to praktyczne, […] retrospektywne, […] świadome swojego kontekstu, […] fikcyjne [lub] prywatne […], które […] przedstawiają doświadczenia lub rozmyślania jednostki, która jest zarówno autorem, jak i bohaterem opowieści" (Cantin i Aron, 2002: 435-436). Podobnie tekst ten można zakwalifikować do podgatunku fikcji autobiograficznej ze względu na sposób, w jaki znosi "granice między historią a fikcją" (*tamże*).

## FIKCJA, KTÓRA UZUPEŁNIA RZECZYWISTOŚĆ

Umiejętne przeplatanie przez Sijie autobiografii i fikcji nadaje zatem jego powieści pewną specyfikę, która przejawia się na trzy sposoby:

- Po pierwsze, w jej **uniwersalności**. Pisząc fikcyjne relacje, Sijie nie ogranicza się już do pisania ze sztywnej, częściowej perspektywy konkretnej osoby (czyli jej samej), ale zamiast tego pisze z szerszej perspektywy, szerszej perspektywy doświadczeń reedukacyjnych. Przedstawiony przez niego proces przekwalifikowania i charakterystyki reżimu nie koncentruje się na żadnym konkretnym elemencie, ale zawiera drobne szczegóły dotyczące podróży i codziennego życia bohaterów. opisuje, jak upokarzani byli rodzice Luo, jak brudne były wiejskie domy, trudne i niebezpieczne warunki pracy (torby transportowe, miny), jak zakazano zachodnich książek, tło holownika. Stopniowo poznaj miejsce zdarzenia.

- Po drugie, powieść wyróżnia się **neutralnym, rzeczowym** tonem. Ton narratora jest zaskakująco stonowany, kontrastując z tragicznym tonem wielu bezpośrednich autobiografii. Może to dziwić, podobnie jak pozorna bierność bohaterów wobec ich pozornie pogodzonych losów.

  ○ **Czynią ją bardziej obiektywną i pozostawiają czytelnikowi swobodę interpretacji**. Ograniczając się do opisywania faktów, narrator czyni swoją relację neutralną i obiektywną, pozostawiając czytelnikowi swobodę w konstruowaniu własnej opinii w oparciu o dowody, które ma przed sobą.

○ **Odzwierciedlają one skutki reżimu**. Choć narrator zachowuje pewien dystans wobec reżimu, w jego relacjach o swoich doświadczeniach z dyktaturą brakuje surowego czy irytującego osądu. To, przez co przechodzi, uważa za normalne i nieuniknione, ponieważ urodził się w tym reżimie i dlatego nie znał innego sposobu życia ("Jesteśmy ludźmi wykorzystanymi w tym wielkim eksperymencie na ludziach. To nie był pierwszy królik doświadczalny. pójdą za nami", s. 7).

○ Ton, określany przez rodzaj fatalistycznego realizmu, paradoksalnie **wzmacnia oburzenie czytelnika,** gdyż skutki dyktatorskiego reżimu chińskiego widoczne są nie tylko w opisywanych w powieści faktach, ale także w tonie narratora. Dyktatura wywiera taką kontrolę nad życiem swoich obywateli, że bunt i oburzenie przestają być naturalnymi odruchami, nie tylko dlatego, że są nieustannie tłumione, ale także dlatego, że mogą być niebezpieczne, co stwierdza sam narrator po wyrażeniu swojej nienawiści (którą wypuszcza z siebie tylko będąc sam na sam z Luo): "Słysząc siebie wypowiadającego to ostatnie zdanie, przeraziłem się, jakby gdzieś w pokoju mógł być ukryty podsłuchiwacz. Taka uwaga, rzucona przypadkowo, mogła kosztować kilka lat więzienia" (s. 93).

- Wreszcie świadectwo to charakteryzuje się pewną dozą **humoru**, który ujawnia:

  - **Jasność spojrzenia na sytuację**. Na początku powieści narrator mówi: Zestarzeliśmy się i wyłysiliśmy w domach na palach, pozostawieni z ponurą perspektywą śmierci tam, nasze ciała owinięte w typową dla regionu białą powłokę" (s. 17) To nie jest tylko lament czy prawdziwa rezygnacja. Mówienie tego w ten sposób wydaje się sugerować, że on i Luo wciąż mogą się buntować.

  - **Wyraźne spojrzenie na siebie**. Narrator nie waha się kpić z samego siebie. Zwłaszcza biorąc pod uwagę żart, jaki zrobili burmistrzowi, kiedy przybył do wioski (dla przypomnienia, Luo i narrator udawali, że komponują sonatę na cześć komunistów). lider, który ma). Podobnie, zanim przeczyta Jean-Christophe Romaina Rollanda, wyjaśnia, dlaczego ta powieść szczególnie go pociąga: "Jak już mówiłem o muzykach, sam grałem na skrzypcach utwory takie jak "Mozart: Thinking of Chair Mao", więc naturalnie zainteresowała mnie ta książka" (s. 102).

  - **Złośliwość**. W rzeczywistości czytelnik szybko dostrzega zarówno złą stronę Luo, który z łatwością zdradza burmistrza i młynarza, jak i stronę narratora, co czyni czytelnika współwinnym ich sytuacji. Do ich codziennych zadań należy np. noszenie drewnianych wiader wypełnionych "wszelkimi śmieciami, czy to ludzkimi, czy zwierzęcymi" (s. 14). Przed bezpośrednim zwróceniem się do czytelnika narrator wyjaśnia, jak niebezpieczna jest ta rutyna: "Moi drodzy czytelnicy, oszczędzę wam szczegółów każdego etapu potknięcia. Dość powiedzieć, że najmniejszy zły ruch był potencjalnie śmiertelny".

Różnorodność, umiar i humor mogą wydawać się sprzecznymi cechami, ale tak nie jest. W rzeczywistości narrator pozostawia czytelnikowi własne przemyślenia na temat tego, jak wyglądał reżim maoistów, bez wyrażania własnej opinii (zimno). Po prostu dostarcza faktycznego opisu możliwego doświadczenia reedukacji (uniwersalnego): Przytłaczająco trudna sytuacja, ale zamiast użalać się nad swoim losem, dwaj przyjaciele nie są przytłoczeni, ponieważ przeciwstawiają się władzom (humor, złośliwość).

## PARADOKSY REEDUKACJI

Choć powieść rozgrywa się na tle reedukacji towarzyszącej rewolucji kulturalnej, to w rzeczywistości przedstawia nie jedną, ale kilka (re)edukacji:

• Dwoje głównych bohaterów zostaje wysłanych w góry na reedukację przez mieszkających tam biednych wieśniaków, uważanych za intelektualistów. Wydaje się, że ta inicjatywa nie miała na nich większego wpływu. Dzielą codzienne życie rolnicze, ale ich ideologia pozostaje im obca. Ponadto pobyt w górach dał mi po raz pierwszy dostęp do zachodnich książek, ale w szkole mogłem czytać tylko komunistyczne podręczniki i Czerwoną Księgę Mao Zedonga. Te zachodnie opowieści zapewniają im prawdziwą edukację i wprowadzają w "tajemnice świata zewnętrznego, zwłaszcza kobiet, miłości i seksu" (s. 101). Jest to zatem nie tylko edukacja kulturalna, ale także edukacja emocjonalna zawarta w romansie Luo i małej krawcowej. Paradoksalnie wysłanie dwóch młodych ludzi na reedukację przyniosło skutek odwrotny od zamierzonego. Odkryjesz zachodnią kulturę i wartości obywatelskie ucieleśnione w powieściach Balzaca.

Mała krawcowa kształci się również, czytając ulubionego Balzaca Luo. Zwróć uwagę, jak lektura fragmentów ojca Goriot wpłynęła na nią jako na dziewczynę ("Ten Balzac jest czarodziejem… Dotknął niewidzialnym palcem głowy tej dziewczyny z gór, przemienił się i zasnął", s. 58), uznał, że lektura Balzaka sprawi, że mu "bardziej wyrafinowany, bardziej wyrafinowany" (s. 57). W ten sposób Luo zamienia literaturę w narzędzie indoktrynacji lub przynajmniej edukacji małych szwaczek. Luo postrzega to również jako sposób na uczynienie jej "wartą" jego miłości, ale to sposób, w jaki bohaterowie Balzaca przejmują kontrolę nad swoim życiem, inspiruje ją do rozpoznania siebie. Przekracza jego oczekiwania i daje mu posmakować jego własnego lekarstwa, ponieważ pomaga w… wartości. Podobnie jak Rastignac, Mała Krawcowa buduje gniazdo i postanawia zostać niezależną kobietą, wolną od ograniczeń, które próbują narzucić jej mężczyźni.

## ZNACZENIE KULTURY

### Prohibicja

Kultura jest głównym tematem powieści już od pierwszych stron. Czytelnik szybko orientuje się, że władze chcą zakazać muzyki i literatury, gdyż zostały one uznane za niebezpieczne przez Komunistyczną Partię Chin i jej przywódcę Mao Zedonga.

- **Muzyka**. Dwaj główni bohaterowie muszą zmierzyć się z trzewiową nieufnością wójta wobec przedmiotu, którego nie rozpoznaje, a mianowicie skrzypiec narratora. Jego podejrzliwość jest wręcz śmieszna i pozwala im spłatać mu skutecznego figla: mimo że "cała muzyka Mozarta, a w zasadzie każdego innego zachodniego kompozytora została zakazana lata temu" (s. 5), Luo proponuje narratorowi zagranie jednej z sonat Mozarta dla wioski i ironicznie twierdzi, że nosi ona tytuł Mozart *is Thinking of Chairman Mao*. Ten podstęp kończy się ogromnym sukcesem, co oznacza, że Luo i jego przyjaciel mogą zatrzymać skrzypce i grać na nich.

- **Literatura**. W czasach reżimu Mao książki stały się niezwykle rzadkie i były ściśle kontrolowane przez władze: dozwolone były tylko komunistyczne podręczniki szkolne, *Mała czerwona książeczka* Mao i pisma jego zwolenników. Dzieje się tak dlatego, że literatura może poszerzyć umysł czytelnika i skłonić go do samodzielnego myślenia, co było sprzeczne z celami propagandy i wizją chińskiego rządu, który chciał zaszczepić w swoich obywatelach silne poczucie świadomości klasowej i nienawiści do postrzeganych wrogów. W rezultacie narrator "zdziwił się na widok książki leżącej na stole, ponieważ ludzie gór byli w większości analfabetami; minęła cała wieczność, odkąd [on] dotknął stron książki" (s. 24). Z tego wynika, że posiadanie książek jest w tym ograniczonym świecie bardzo niebezpieczne. Narrator wyjaśnia, że każdy, kto posiada książki, podejmuje z nimi niezliczone środki ostrożności, i opisuje, jak walizka Czterookiego "była zapięta zamkami w trzech miejscach" (s. 44). Kiedy dwaj przyjaciele zaczynają rozmawiać o jej zawartości, "w oczach naszego krótkowzrocznego przyjaciela pojawił się błysk paniki" (s. 45).

## Literatura zachodnia

W tej ponurej atmosferze literatura, a zwłaszcza literatura zachodnia, nabiera bardzo szczególnego znaczenia.

Obaj bohaterowie są zafascynowani i wciągnięci w tajemnice, które mogą kryć się w Zakazanej Księdze. Tytułowe, mistyczne i egzotyczne imiona przywołują nieznane światy" (s. 46). Idea literatury zachodniej była "długo sfrustrowana tym, że przez wiele lat dział "Literatura zachodnia" księgarni poświęcony był wszystkim dziełom albańskiego przywódcy komunistycznego Envera Hodży [1908-1985]. "(s. 47).

Dwaj przyjaciele, podekscytowani myślą o nabyciu jednego z tych bezcennych dzieł, mają dość "rewolucyjnego bełkotu o patriotyzmie, komunizmie, ideologii i propagandzie" (s. 53), mając nadzieję na coś lepszego. Jej nienasycony apetyt na literaturę zachodnią skłania ją do podejmowania bezprecedensowego ryzyka. W szczególności kradnie cenne kufry Czterookiego i nosi w wiadrach powieści Balzaca.

Dzięki literaturze zachodniej obaj młodzi mężczyźni odkrywają "budzące się pragnienie, pasję, impulsywne działanie, miłość" (*tamże*), a także "tajemnicę świata zewnętrznego, zwłaszcza świata kobiet, miłości i seksu" (s. 101). Wchodzą w światy, które wcześniej wydawały się niewyobrażalne, a które zdają się otwierać swoje bramy na ich przyjęcie.

Narrator staje się również bardziej rycerski w kontaktach z literaturą zachodnią, a nawet czyni literaturę częścią swojego codziennego życia, porównując niektóre sytuacje, których doświadcza, z tekstami literackimi. Mała krawcowa jest w niebezpiecznej sytuacji, skomentował:

*"Nie było żadnego wyobrażalnego miejsca, w którym Romeo i jego ciężarna Julia mogliby wymknąć się długiemu ramieniu prawa, ani też, w rzeczy samej, gdzie mogliby wieść życie Robinsona Crusoe w towarzystwie tajnego agenta zamienionego w Człowieka Piętaszka." (p. 149)*

Obsesja narratora na punkcie nowej kultury pozwala mu przeplatać te opowieści epizodami z jego życia.

Literatura zachodnia stanowi również dla Luo i narratora sposób na pokonanie trudów reedukacji (oprócz przyjaźni). Poszerza także ich umysły, ucząc ich lekcji kultury i życia.

Chińska dyktatura postrzega kulturę jako niebezpieczną, ponieważ zmusza jednostki do rozwijania wolnej woli i umiejętności krytycznego myślenia. Swoboda projektowania zapobiega również rozprzestrzenianiu się restrykcyjnych toków myślenia, które miażdżą indywidualność w imię "wielkiego dobra".

Chiny i ich polityka cenzury nadal wykazują opór wobec niektórych dzieł zachodnich. W rzeczywistości Balzac i Little Chinese Seamstress zostały zakazane przez chińskie władze, kiedy zostały opublikowane po raz pierwszy. Jednym z powodów jest sposób, w jaki literatura zachodnia to przedstawia, sposób, w jaki przedstawia chłopów jako zdeformowanych fizycznie i psychicznie, bezkompromisowość, przemoc procesu reedukacji, a przede wszystkim centralne miejsce, jakie literatura zachodnia odgrywa w narracji. Chociaż Shijie wielokrotnie wypowiadał się na ten temat i powiedział, że jest sfrustrowany brakiem chińskiego tłumaczenia powieści, powrót do tego okresu w historii może być przedwczesny.

W każdym razie dopiero trzy lata po pierwotnym wydaniu powieści, w czasie którego zyskała ona niezaprzeczalny międzynarodowy rozgłos, została ona ostatecznie przetłumaczona na język chiński – choć w trakcie tego procesu uległa pewnym zmianom, a mianowicie chińska wersja powieści zawiera szereg dodanych odniesień do kluczowych dzieł literatury chińskiej, a także noty tłumacza wyrażające zastrzeżenia do przywoływanych dzieł zachodnich.

# DALSZA REFLEKSJA

## KILKA PYTAŃ DO PRZEMYŚLENIA....

* Na jakich prawdziwych wydarzeniach historycznych oparta jest powieść? Czy znasz jakieś inne utwory, których akcja rozgrywa się w otoczeniu opartym na faktach historycznych, ale które niekoniecznie można zakwalifikować jako powieści historyczne?

* Twoim zdaniem, kto jest bohaterem tej powieści, narrator czy Luo? Uzasadnij swoją odpowiedź.

* Jak opisałbyś przyjaźń między Luo a narratorem? Czy jest ona podobna do przyjaźni między nimi a Czterema Oczami? Wyjaśnij swoją odpowiedź.

* Czy ten utwór można uznać za autobiografię? Wyjaśnij swoją odpowiedź.

* Twoim zdaniem, dlaczego autor używa neutralnego, obiektywnego tonu? Jaki ma to wpływ na czytelnika?

* W powieści pojawia się wiele rodzajów reedukacji. Na czym one polegają? W jaki sposób są one paradoksalne?

* Balzac znajduje się w centrum tej powieści. Wyjaśnij znaczenie tej postaci.

* Jakie jest przesłanie tej powieści na temat aktu czytania?

* W walizce skradzionej przez dwóch bohaterów autor zdecydował się umieścić konkretne książki, a mianowicie powieści francuskich autorów takich jak Hugo, Stendhal,

Dumas, Flaubert i Romain Rolland. Czy te książki dają inną lub uzupełniającą perspektywę na to, co przeżywają bohaterowie?

- Co, Twoim zdaniem, oznacza ostatnie zdanie powieści? Mała szwaczka mówi, że "od Balzaca nauczyła się jednego, że piękno kobiety jest skarbem bezcennym" (s. 172); Twoim zdaniem, jaką drogę chce wybrać dla siebie?

# PRZECZYTAJ TAKŻE

## WYDANIE REFERENCYJNE

Sijie, D. (2002) *Balzac and the Little Chinese Seamstress*. London: Vintage Books.

## BADANIA REFERENCYJNE

Cantin, A. i Aron, P. (2002) Personnelle (littérature). *Le Dictionnaire du Littéraire*. Paris: PUF. pp. 435-436.

Mourre, M. (2001) *Le Petit Mourre. Dictionnaire de l'histoire*. Paris: Larousse-HER.

## ADAPTACJE

*Balzac i mała chińska szwaczka*. (2002) [Film]. Dai Sijie. Dir. Chiny/Francja: Empire.

*Chcemy usłyszeć od Ciebie, co się dzieje!*
*Zostaw komentarz na temat swojej internetowej biblioteki*
*i podziel się swoimi ulubionymi książkami w mediach społecznościowych!*

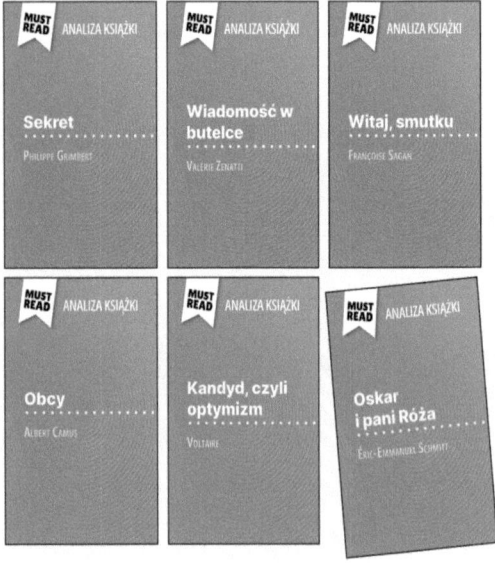

www.50minutes.com

Master ISBN: 9782808693561
Papierowy ISBN: 9782808614962
Depozyt prawny: D/2023/12603/1776

Verhaal: © Primento

Projekt cyfrowy: Primento, cyfrowy partner wydawców.